彩色香港

1970s-1980s

高添強 著

謹以此書記念庄野晴己老師（一九三七——二零一一）

目錄

一九七零至八零年代的香港

一九六零年代末，香港已經具備一個成功經濟體系應有的條件：廣大的貿易網絡、穩固的工業基礎、現代化的國際銀行業務體系、完善的基礎建設及公共服務，還有教育程度尚可的勞動力。

從一九六零年代起，製造業已成為香港經濟支柱，及至一九七零年更達高峰，佔本地生產總值百分之三十點九。這段時期香港是世界上最工業化的社會之一，但是大部分的工廠規模都不大，很多工序並不需要很高的技術。其後十年間，製造業佔生產總值仍維持在百分之二十七至二十八之間，不過與之前相比，重要性卻漸次下降，勞工密集、出口帶動的工業，再難保持旺盛。工資和地價不斷上升、勞工短缺、鄰近地區競爭、西方經濟發展放緩、保護主義抬頭等，都使香港無法再以廉價產品於世界市場取得優勢。本地工業必須改變，才能在新形勢下生存。為支持工業發展，政府除鼓勵工業家轉移投資到資本及科技密集的生產外，更陸續開發大型工業邨，以吸引科技水平較高的工業在港立足。

香港的經濟發展從一九七零年代後期出現重大改變，以金融業為核心的服務性行業漸漸崛起，香港進入戰後第二次經濟轉型。此外，經歷了三十年的停滯後，內地經濟的高速增長亦令本地的轉口貿易生機重現，並加快香港的經濟轉型。

由於日本不肯開放金融市場，新加坡一度成為香港發展金融業的競爭對手，惟自一九七零年代末中國實施改革開放經濟政策後，大量跨國公司及銀行相繼來港開業，香港漸漸超越新加坡，成為繼倫敦、紐約之後，新興的國際金融中心。銀行業務迅速擴展之餘，股票市場、期貨市場、黃金市場等多種金融工具亦告成形，香港金融業朝向國際化及多元化方面發展。

房地產發展也大大推動了香港的經濟成長，不過伴隨而來的是一輪清拆重建的熱潮。新的建築往往是以貴重建築材料來顯示財團的「身價」，或單一地追求興建速度而不考慮自然資源和能源的消耗，或把建築物看作純粹的商品，而不關心它們對社會及居民生活的影響，結果香港充斥著大量無視環境的建築，當中的設計亦沒有表現任何地方特色。

另一方面，大量湧入的外資，特別是來自日本和美國的，對本地經濟不無裨益。到了一九七零年代末，華資公司的實力已開始超越英資洋行，華人企業家更建立了三個股票交易所，與英籍人士主宰的香港證券交易所分庭抗禮。

由一九六零年代進入一九七零年代，本地生產總值以每年平均百分之十的速度增長，至一九八零年代初，共增加了四倍之多，即使以國際標準衡量，已位於中上游，及至十年後，更躍居全球前列。這看來無疑是重大的成就，不過對不少市民來說（不計新移民），生活水平卻沒有相應提高，原因之一是部分中年工人自離開工業生產後，在新的經濟模式下已無法找到新工作。

一九六六及六七年的動亂促使政府大幅度增加教育經費，為青少年提供較多機會，以及採取其他措施如改善房屋、衛生和社會福利，以緩和社會不滿的情緒。政府亦意識到，若能多照顧市民的利益和意願、施政上多考慮市民的需要，社會便較能接受和認同殖民地政府。

從一九七零年代初開始，政府重點發展普及教育。免費小學教育於一九七一年推行；七年後，九年免費教育亦得以實現。自此，六至十五歲的兒童終於能夠在較公平的條件下上學。一個有趣的現象是，由於實行免費教育，在學兒童或青少年即使年齡相若，學習能力相若，所受的教育卻可以出現很大差別，這樣的例子在同一家庭也不鮮見。

本土教育體系亦漸趨成熟。教育署設置的課程發展委員會，負責議定課程大綱，取代以往從英國引進的課程。課本則由本地教師和學者編寫，使用進口課本的情況因而日漸減少。一九七零年代學生在課堂上學習的內容與上一輩比較，大有分別，例如中學教育兼具中國和英國教育的特色，課程的主要教學語言，英中皆有，不過這卻帶來問題。由於市場需求，大部分學校都是英文中學，可是不少接受英語授課的初中學生，英語水平根本不足，而教師的英語能力也可能力不從心，結果上課時往往中英夾雜，令很多學生無法掌握學習內容之餘，也難以學好英語。

至於大學教育，一九七零年代政府仍根據市場需求而設定學額，而不是依從中學畢業生的升學意願和能力適當地調節；也就是說，大學生的數目不能超過市場的吸納能力，結果是大部分考試成績符合大學入學資格的學生，仍被拒諸大學門外。不過隨著經濟發展，社會上各行各業對受過專上教育的人才需求甚殷，為了不致落後於競爭對手「亞洲四小龍」，從一九七零年代後期起，政府開始積極拓展專上教育，並於一九八零年代設立多所院校，如香港城市理工學院、香港演藝學院、香港科技大學等；此外，又增加對專上學院的撥款及資助。

住屋方面，一九七三年以前，香港已有百多萬市民居於公營房屋，包括徙置區、廉租屋和屋宇建設委員會轄下的新邨（如北角邨、彩虹邨等），不過港府一直都沒有整體的房屋政策。直到十年建屋計劃（一九七三至一九八二年）面世，香港始建立起長遠而全面的房屋發展藍圖。在新政策下，過去分散的部門併合為一個統一的、給重新賦予法律地位的香港房屋委員會。自此，新建的公營房屋在建築設計及質素上均有所提升，房屋管理也有明顯的改善。可惜由於官僚架構重組問題、石油危機引發的全球經濟衰退、可發展的市區土地日漸減少，以及內地移民湧入，使計劃未竟全功。一九八三年，仍有約十萬家庭居於寮屋。

十年建屋計劃其中一項顯著成就，是將市區人口遷移至新市鎮，以及利用公營房屋推動新界發展。計劃原以自給自足和社會平衡為目標，前者是在新市鎮內提供設施以滿足居民的基本生活及工作需要，後者是指營造多元化而和諧的社區。然而兩項目標均未能達成，尤其是居民就業遭遇很大的困難。不過較佳的居住環境和較短的公屋輪候時間仍吸引了大量市區人口遷往新市鎮。一九七零和八零年代的新市鎮建設帶來了上百萬人口的內部遷徙，社會並沒有出現不穩，與其他地區的經驗相比，還是令人欣慰的。

公共交通運輸在這段期間亦取得急速的發展。一九七二年海底隧道通車，港島和九龍得以直接聯繫；一九七九至一九八零年間通車的地下鐵路，加上九廣鐵路電氣化，隨著公共交通的急速發展，使不論居於港島、九龍或新界的人都感到自己同屬一個地方——香港，而再不是從屬某一地域。此外，新市鎮的發展也令鄉郊和市區的界線變得模糊，對城市居民來說，新界再不是陌生的地域。

另一個與市民息息相關的，是貪污問題。一九七零年代初，貪污受賄已滲透到政府每一角落，大多與民生有直接關係的部門如警務處、消防處、工務局、市政事務署、徙置事務處、人民入境事務處等都牽涉其中，其中甚至包括集團式的貪污，情況已經無孔不入，市民與政府部門的日常接觸，便經常受到無休止的敲詐勒索。一九七四年初麥理浩成立廉政公署，自此香港步進新時期。不過公署卻面對另一個嚴峻形勢，由於很多警察被捕，警隊士氣大跌。一九七七年十月，數千名警察遊行示威，要求削減公署權力，部分示威警察更衝擊公署總部。由於擔心警察罷工，麥理浩結果頒布有條件特赦令，不追究過往的貪污罪行。

與此同時，戰後出生的一代已漸漸成為社會的中流砥柱，以香港為家，更以「香港人」自居。相對於他們的上一輩，他們不再拘泥某一社團或籍貫，並以新的精神面貌、開放的思維工作和生活，當中不少更從農民或工人子弟而成為專業人士或晉身中產階層。這一代的年輕人造就了這段時期的進取和開放，使香港有別於其他華人社會，這和政府的積極不干預政策也有一定關係。

土生土長的香港人漸漸接掌了大眾傳播媒介，並引領普及文化的潮流，對香港的歸屬感亦慢慢滋長。一旦有了這種醒覺，加上教育日漸普及，市民開始提出訴求，要求改善社會，因此出現一連串的抗議、示威、罷工及罷課等活動，如中文運動（一九七零）、保釣運動（一九七一）、反貪污示威（一九七三）、小學教師罷課（一九七三）、護士工業行動（一九七六）、金禧中學事件（一九七八）、艇戶事件（一九七九）等，都不是偶然的。這些基本上均為社會運動，而不是政治運動，領導人與政治大都無直接關係，而是大專或大學生、教師、社會工作者、教會改革者和工會組織者等。

與一九五零及六零年代的暴力和非理性的騷亂比較，這些活動雖然觸犯了當時禁止的「非法集會」、「非法結社」等法律，一般來說都是和平而有秩序進行的，並漸漸改變了香港的社會面貌。他們爭取到一定的成果外，也使公民社會慢慢在港植根，民間和政府能夠和平地互相制衡，社會和政府逐漸開放，市民對公共事務的參與日漸增加，不同利益社群可以理性對話，而不是暴力對抗。

高添強

政治方面，整個一九七零年代的香港並沒有甚麼轉變，更沒有政治改革，這也是麥理浩任內及其繼任者經常遭人詬病的地方。稍具意義的是在一九八一年把過去嚴格的選民資格限制取消，改為凡年屆二十一歲在港住滿七年的永久性居民，都可登記成為選民，結果原本三萬多的選民數目一舉增加到七十多萬。一九八一年以前，市政局是唯一有民選議員的議會，到了一九八二年，港府始推出區議會選舉。一九八二年的區議會與一九八三年的市政局選舉，便是以擴大了的選民基礎進行的。一九八五年，立法局功能組別選舉出現，市民開始享有一絲民主，不過由於未取得中國政府的同意，香港民主化步伐沒有因而加快。

一九八二年五月尤德來港履新，同年十月中英就香港前途問題展開歷時兩年的談判。一九八四年十二月，英國首相戴卓爾夫人和中國總理趙紫陽簽署《中英聯合聲明》，兩國在翌年五月底互換批准書，同意整個香港地區將於一九九七年七月一日歸還中國統治，除外交和國防事務屬中央政府管理範圍外，香港將成為享有高度自治權的特別行政區，從此進入「過渡期」。

香港的經濟發展從一九七零年代末
出現重大改變，
以金融業為核心的
服務性行業漸漸崛起，
香港進入戰後第二次經濟轉型。

香江新顏

一九八六年從山頂俯瞰維港

自一九五零年代至一九八零年代的三十多年間，香港不單由轉口港發展為一個五百多萬人口、舉世知名的城市，且已成為僅次於倫敦、紐約的世界金融中心。有學者把香港這段經歷形容為「不可思議的謎」和「奇蹟」，「香港奇蹟」一詞，自此更成為學術名詞而廣為流傳。

一九七零年港島中上環的海旁

經過一九六零年代的發展，
中上環海旁的面貌已煥然一新。
除了郵政總局、消防局大廈及海事處大樓外，
舊建築已所餘無幾。
相比之下，半山一帶尚未大規模發展，
海旁的新建築仍未超越山脊線，
太平山的整個輪廓依然清晰可見。

一九七零年的中環海旁

圖中所見的如天星碼頭、卜公碼頭及大會堂的一系列新公共建築，設計講求簡樸實用，除配合當時社會的客觀條件外，更令香港的建築設計趕上國際潮流。凸顯統治者地位的殖民地式建築，已漸漸成為歷史。

請飲
Coca-Cola
GRUNDIG

一九七零年灣仔軍器廠街至柯布連道的新填海區

一九七七年，灣仔填海計劃大致完成，中環的商業區自此得以向東擴展。

一九九零年代以前，在維港兩旁填海拓地，一直被認為有利城市發展及保持香港的區位優勢：中心商業區相應擴大；深水海岸線長度增加，使碼頭和貨倉使用更為方便；水流加速除有利保持海港深度外，亦令城市廢水順利排出大海，故此維港不因面積縮小而減低其經濟和自然功能。然而隨著交通及環境惡化，填海造地漸漸引來反對聲音，最後促使《保護海港條例》於一九九七年通過。該條例列明「海港須作為香港人的特別公有資產和天然財產而受到保護和保存」。

圖中大廈頂層的超大型廣告，宣傳對象除香港市民外，還有為數眾多的來港度假軍人。

一九七八年從高空俯瞰青衣及荃灣一帶

圖中油庫所在的小島名牙鷹洲，今天已成灝景灣的一部分。當時青衣尚有不少艇戶和棚戶；從工廠排出的廢水沒有處理便被直接排放入海，造成大面積的近岸污染。一九八零年代以前，香港社會整體對環境保護的意識非常薄弱，對各類污染往往視而不見，保護環境甚至被視作奢侈。隨著人口和工業增長，近岸污染的問題漸漸難以迴避。及至一九八零年，立法局才通過《廢物處理條例》和《水污染管制條例》；三年後，再訂下《空氣污染管制條例》。

一九八四年興建中的
東區走廊二期工程，後方可見太古城。

早自一九六八年，隨著英皇道、筲箕灣道及柴灣道的車流已臻飽和，政府開始構思興建走廊，以連接東區及港島北岸的商業地帶。一九七六年，有關計劃正式展開，並於兩年後開始填海及相關工程。一九八四年六月，東區走廊首期（銅鑼灣至太古城段）通車；一年後，太古城至筲箕灣段（二期）亦完成。至一九八九年十月，走廊全線竣工。不過東區走廊卻一直被批評佔用了海旁空間，使市民無法使用，部分且非常接近民居，因而帶來噪音問題。

■ 一九八四年從高空俯瞰
銅鑼灣至灣仔一帶

香港城市開發極度密集，物業發展往往只以經濟收益作前提，私人及公共空間幾乎從不在建築設計考慮之列。一九七零年代以來的急速發展，更令地區特色無法延續，地區性格消失，扼殺社區的生命力。

一九八九年的中環海旁景色

由美籍華裔建築師貝聿銘設計的中銀大廈剛剛竣工（次年正式啟用），成為當時全港最高的建築物，也是北美地區以外最高的摩天大廈（紀錄維持了兩年才被灣仔的中環廣場取代）。中銀大廈外型獨特，迅即成為香港地標之一，不過該建築卻因風水問題，落成後引來不少爭議。

一九八七年從中環遠眺尖沙咀

因鄰近機場，九龍的建築物多年來均受到高度限制，山脊線仍清晰可見。對岸的文化中心，設計雖以展開的翅膀及風帆為意念，卻被批評為面向舉世聞名的香港夜景，室內卻不設窗戶，白白糟蹋了美麗的維港海景；一些論者更批評建築設計醜陋，無法彰顯香港的國際形象。

一九八零年從高空遠眺北角邨一帶，當時東區走廊尚未興建。

北角邨是屋宇建設委員會（一九七三年與徙置事務處合併為房屋司署）建成的第一個公共屋邨，不論室內間格、設施，以及採光條件及空氣流通等，都優於同屬該委員會其後所建的屋邨，與徙置大廈更不可同日而語。該邨的規劃非常完善，邨內的休憩場地、社區會堂、商店等一應俱全，附近還設有巴士總站及渡輪碼頭，交通非常便利，唯一的問題是造價過高。自北角邨以後，屋宇建設委員會興建的屋邨，開始降低樓宇水準，以削減建造成本。

約一九七三年的啟德機場跑道

當時跑道的延長工程接近完成，
後方可見九龍灣的填海工程。
該工程的主要目的為配合停機坪擴建，
以便機場能容納更多和載量更大的客機。
另一方面，為了讓機場持續發展及開拓鄰近土地，
皇家空軍經歷了半個世紀的經營後，
逐步撤離啟德，遷往石崗機場。
一九七八年，啟德機場終於由軍民兩用機場改為純民用，
香港的民航業發展得以進入新階段。
隨著各種新地勤設施、大型飛機維修庫、
新式導航系統等陸續完成，
本港的航空設施在東南亞處於領先地位。

一九八四年啟德機場跑道的末端，
一架客機正準備著陸，
另一架珍寶貨機則等候指示，
準備升空。

踏入一九八零年代，亞洲區內多國陸續開放及大力發展經濟，使區內航空交通量大增，啟德機場開始進入飽和窘局。因機場供飛機升降的時間和空間非常有限，故當時各大航空公司均盡量使用大型客機或貨機來港。

The Mandarin

一九七九年中環一景，英資怡和公司總部所在的康樂大廈仍是最矚目的建築。

照片右方可見建於一八九七年的香港會大樓，左方的最高法院（一九一二年落成）於一九七八年因受到地下鐵路遮打道工程影響，大樓結構受損，需關閉緊急維修。

直到二次大戰爆發為止，這一帶可說是殖民者的權力象徵：皇后像廣場、皇后碼頭、香港會、和平紀念碑、木球會、最高法院，處處表明這片土地屬於大英帝國。

一九八零年從高空俯瞰中環天星碼頭一帶

一九三五年落成時樓高十三層、曾經是遠東第一高樓的滙豐銀行大廈，此時已變得毫不起眼，後於翌年拆卸重建。二零零三年，中區填海第三期工程展開，三年後政府搬遷天星碼頭，引發大規模示威，事件清楚反映市民對文物保育意識高漲，經濟發展再不是社會建設的首要考慮。

一九七五年黃昏的海港

當時香港經濟開始急速發展，城市外貌新舊交替，社會普遍憧憬去舊迎新帶來的機遇。另一方面，大量歷史建築，包括不少地標式的公共建築，在數年間相繼在市場經濟的衝擊下遭拆卸重建，包括郵政總局大廈、尖沙咀火車站、告羅士打大廈、滙豐銀行大廈、海事處大樓、上環街市南翼、香港會等，香港漸漸成為一個「沒有記憶的城市」。

一九八二年的中環及海港夜景

從一九七零年代初開始，香港的發展動力逐漸由製造業轉移到以金融業為核心的服務行業。一方面工業增長受到內外因素制約，另一方面自由開放的金融體系、安定的社會及政治環境、健全的司法制度、低稅制、先進與完備的基礎設施、優越的地理位置，以及一九七八年以來中國實行改革開放的經濟政策，均有助香港確立亞洲金融中心的地位。除本地客戶外，香港的金融服務業亦為亞太地區提供相關服務。

從尖沙咀遠眺港島，時為一九七四年。

樓高五十二層的康樂大廈（今怡和大廈）
剛落成不久，巍然矗立，是當時亞洲最高的建築物，
象徵香港躋身國際都會的行列。
所在之地，原是於一九六零年代填海得來。
一九七零年拍賣時，置地公司以二億五千八百萬元投得，
平均每平方呎地價為四千八百六十七元，
一度成為全世界最昂貴的地皮。

一九七九年從山頂俯瞰港島北岸，灣仔北一帶剛開始發展。

到了一九七零年代末，香港已是一坐擁經濟繁榮、交通和通訊便利的現代化城市，也是「亞洲四小龍」之一。海外資金大量流入之餘，每年來港的二百多萬遊客，也為香港帶來可觀的收入。不過在璀璨的夜色下，香港正面對前所未有的挑戰——九七前途問題。

約一九七三年的銅鑼灣避風塘，

屈臣氏大廈後可見北角發電廠的機組。

電廠早於一九一九年啟用，廠前的道路，
亦因而命名為電氣道，而附近大強街（Power Street）的
中文名字其實就是電力的誤譯。
隨著城市擴展，發電廠對附近環境的影響漸漸浮現。
香港電燈公司遂於一九六八年興建鴨脷洲發電廠，
並於一九七八年正式關閉北角廠房，
原址則發展為大型私人屋苑城市花園。

一九七六年的葵涌貨櫃碼頭

從一九六零年代中期開始，

西方國家的貨運已全面邁向貨櫃模式。

由於香港進口的原料、機器及高價日用品大都

來自歐美，而主要出口市場也是這些國家，

加上新加坡已開始貨櫃化，考慮到工商業

持續發展的前景，香港航運界也走上貨櫃化之路。

葵涌貨櫃碼頭由私營公司投資興建，

一九六六至一九七二年為籌備階段，此後四年間，

貨運公司逐步把業務從市區的傳統碼頭遷入葵涌。

隨著碼頭啟用，香港於一九七五年已成為世界

第四大貨櫃港，至一九八四年，更超越鹿特丹而成

為第二大。葵涌貨櫃碼頭使香港對遠洋輪船公司的

吸引力大增，很多主要航線改經香港，

並在此建立公司的亞洲總部，

進一步鞏固香港在東亞及東南亞的貨運中心地位。

一九七三年的海底隧道紅磡入口

隧道剛於前一年落成通車，初期使用車輛尚不多，顯得有點疏落。一九七零年代香港經歷了高速發展，海底隧道的雙線雙程行車設計很快已無法追上實際需要。到了一九八二年，車流量每天平均已逾十一萬架次並呈飽和。十年間，海底隧道成為世界最繁忙的隧道之一。

一九七一年一艘東方海外（國際）有限公司貨輪停泊港內，其煙囪上的梅花圖形曾是維港一個常見的商標。

一九五零年以前，本地產品出口在香港對外貿易中所佔比重一向不高。自一九五零年代起，因受對華貿易禁運影響，轉口貿易大受打擊，香港轉而發展加工出口。自此，香港出口貿易以本地產品為主。從一九六零年以來的二十年間，港貨的出口值基本上一直保持在佔總出口值的七成以上。在這些發展的背後，反映香港不論在輪船停泊、貨物起卸和存放設施等方面，均有高度的適應能力。

一九七九年底地鐵列車駛近九龍灣站

自地鐵工程開展以來，地鐵公司即以「鐵路和物業綜合發展經營」模式營運，把車廠或車站上蓋作多用途物業發展，以收益補貼興建鐵路的成本。

其中最早項目為九龍灣德福花園，共建造四十一幢住宅樓宇，提供了五千個住宅單位。

注意早期列車只有四卡車廂，當時地鐵車費為一元，比起沒有空氣調節的巴士車費（約三至四角），地鐵票價已屬昂貴。

一九八七年的中環，畫面最矚目的要算是位於左方的滙豐銀行新廈。

一九七九年滙豐銀行宣布總行大廈兩年後拆卸重建，顯示管理層對香港未來及作為國際金融中心的前景樂觀。

新總行大樓於一九八五年落成，當時為全球造價最昂貴的建築物，更被列入一九八零年代最具代表性的世界十大建築之一，滙豐再一次以建造大廈顯示實力。

一九九零年底，集團宣布重組，把控股公司和註冊地遷往倫敦。

一九七二年的尖沙咀巴士總站及天星碼頭

根據官方報告，當時尖沙咀為香港最重要的遊客區，其次是中區及銅鑼灣。一九七二年訪港旅客首次突破一百萬（總數為一百零八萬）。旅客以來自日本最多，達三十五萬；美國居次，約二十一萬。該年每位旅客平均在港消費約一千八百元。

一九七八年的黃大仙龍翔道，兩旁的地下鐵路工程正如火如荼。

政府全資擁有的地鐵，由政府立法成立的香港地下鐵路公司負責發展和經營，行政和財政均獨立，並以商業原則建造及營運。地鐵公司於一九七五年九月成立，當時政府撥款八億元，另撥三億五千萬元為股份，共計十一億五千萬元，其餘資金由政府作擔保，向各方籌措。地鐵建造工程於一九七五年底動工，一九七九年十月一日正式通車。首期的觀塘線（原稱「修正早期系統」北段）全長十五哩工程，共耗資五十八億元。

一九七八年新蒲崗的啟德渠

直到一九九零年代為止，由新蒲崗工業區及附近屋邨、街市等排出的廢水，長期令啟德渠發出嚴重惡臭，為附近居民，特別在旱季時期，帶來嚴重的環境問題，成為中九龍的大害。

一九八八年九龍窩打老道的一座香港特產——「牙籤樓」。

由於地價高昂，加上地產商人「頭腦靈活」，
從一九八零年代起，這類面積狹窄的單幢高樓漸漸興起，
可說獨步全球！

一九八三年從慈雲山下望九龍中部

山下的屋邨原為慈雲山新區，
建有六十三座徙置大廈，落成時為全港最大的徙置區，
人口高峰時超過十萬，媲美不少歐美中型城市。
不過過份集中的人口卻造成不少社會問題，
特別是青少年問題，一些一九七零年代出版的
暴力漫畫更以該區為背景。
注意山坡上的寮屋及由附近居民開墾的小梯田。

一九八八年半山區一帶的高樓大廈

對外地遊客來說，除生活在狹小舢舨的水上人外，這些在險峻山坡上拔地而起的密集式摩天大廈，亦是香港另一類令他們覺得不可思議的景物。不論居住環境、文化習俗，乃至消費及餐飲選擇，香港社會上的種種對比，對初次訪港的遊客來說，往往倍覺引人入勝。

一九八零年從半山區東眺灣仔一帶

圖右方為快將竣工的合和中心，左下方可見位於金鐘道及軍器廠街交界的警察宿舍，該宿舍較荷李活道警察宿舍遲五年（一九五六年）建成，一九八七年拆卸。樓高六十六層的合和中心落成時是香港最高的建築物，該大廈倚山而建，大堂分別設於皇后大道東及位於十七樓堅尼地道旁，商廈成為市民的「垂直街道」，世界罕見。合和中心頂層設有旋轉餐廳，營運三十四年後於二零一四年結業。

戰後出生的一代已漸漸成為社會的中流砥柱，
以香港為家，更以「香港人」自居。
相對於他們的上一輩，
他們不再拘泥某一社團或籍貫，
並以新的精神面貌、
開放的思維工作和生活。

生活速寫

一九八四年佐敦谷邨的天台學校

該校大概是香港最後的天台學校之一，看來畏高者難以在這些學校專心上課。注意遠方仍有不少山邊寮屋。

一九七四年天台學校課堂一景

隨著一九七零年代人口結構改變，
香港整體小學數目逐漸縮減，
小學教育的重點亦由量轉移到質的提高，
設備簡陋的天台學校由於先天不足，
不到十年間大都完成歷史任務而遭遷拆。

一九七五年一所小學的上課情形，黑板旁邊可見為收看教育電視而設的電視機。

教育電視作為一種教育工具，於一九七一年啟播，目的是藉著電視的普及，使一般學童可以更容易吸收知識。啟播初期，教育電視只提供小學三年級的節目，包括中文、英文、數學及社會科。節目隨後遞增，至一九七四年推廣至小學六年級。一九七六年，教育電視開始製作中學一年級的節目，至一九七八年，節目擴展至中學三年級。

一九七六年一群女孩參加教會查經班，地點為徙置區的天台學校。

這些女孩很可能居於附近的屋邨，身上穿著的大概是她們最好的衣服。早年徙置區的天台學校，大都建於一九六零至一九六五年間，幾乎全由教會開辦。

一九七八年觀塘邨（翠屏道）的一所地下小學。

這些位於徙置區的地下小學，對家長來說，評價一般要高於天台小學，雖經常遭樓上住客隨意丟擲垃圾，不過至少擁有較廣闊的操場，且學生不用步行至位於八樓的課室上課，夏天時課室的氣溫也沒有天台學校般高。

一九七五年一處公共屋邨的兒童遊樂場，孩子正以特別的方式登上滑梯。

注意滑梯之下全是水泥地，從今天的眼光來看，當時的遊樂場設施不單不安全，且可說異常危險。

一九七五年長沙灣元州街邨（重建後稱元州邨）的兒童遊樂場。

約一九七五年黃大仙下邨的兒童遊樂場

當時黃大仙（包括上、下邨）的居民總數超過十萬，人口高度密集之餘，休憩場所卻少得可憐，公共場所特別是入黑後往往成為不良份子的聚集地。

■一九七八年沙田禾輋邨的兒童遊樂場，鞦韆的設計相當別致。

一九七八年寮屋區小商店前的女孩，簡單樸素的衣著今天已不復見。

一九七五年一群小童於坪石邨打康樂棋

一九七零年代這種遊戲非常流行，不少營地、社區中心以至學校都設有康樂棋室，有團體更定期舉辦比賽。可惜康樂棋一度被少數人發展為賭博遊戲，形成不良口碑，並日漸式微。

一九七七年一群大埔南坑安置區的兒童以簡陋器材搭成臨時乒乓球枱遊玩。

安置區的生活環境雖然十分惡劣，卻無礙小孩尋找方式自娛。

一九七九年一名年輕女子剛從內地抵達紅磡火車站，迎接的家人喜形於色。

這一年移居香港的內地居民（包括合法和非法）達十八萬人，成為一九五零年代以來的高峰，其中超過十一萬為非法移民。大量非法移民抵港，促使港府於次年取消「抵壘政策」（即准許成功進入市區的非法入境者領取身份證）。

一九七二年一群青年攝於香港中文大學校園

從眾人打扮，可知當日以大衣領和闊腳褲為時尚；而一九六零年代流行、代表中國身份的長衫及具中國風格的剪裁設計已退出主流時裝舞台。

一九七一年一群遊客在身穿迷你裙的導遊帶領下遊訪落馬洲，眺望對岸的「紅色中國」。

一年後，旅遊業成為香港賺取外滙的第二大行業。

一九七一年剛抵港的麥理浩爵士，在中環愛丁堡廣場皇后碼頭前出席就職儀式。

在任期間，麥理浩最為人稱道的要算是打擊貪污，而這亦成為對政府公信力的考驗。有論者認為貪污的根源在於立法機構缺乏代表性，令公務員之中出現受賄和舞弊的機會，加上殖民地政府和本地商界「官商勾結」，滋生徇私枉法的環境，致令政府部門幾乎無一不貪。不過針對公務員的貪污行為，卻分散了市民的注意力，令市民察覺不到商界一些更具組織、涉及金額更大的賄賂行為。

一九八二年底麥理浩離任前視察秀茂坪山邊的寮屋

在麥理浩出任港督的十一年間（一九七一至一九八二年），香港在公共房屋、新市鎮發展、免費教育、交通、勞工法例、社會福利和規劃郊野公園方面都有長足發展，令市民對他的印象極佳。然而，許多改革早在戴麟趾時代已經構思，當中部分其實是對一九六六及一九六七年動亂的回應。

一九八五年港督尤德爵士到訪樂富邨

熱愛中國文學和中國語文的尤德於一九八二年獲委任為第二十六任香港總督。上任伊始，中英兩國即就香港前途進行會談，不過因雙方未能取得共識而引發了一場信心危機。一九八三年九月，受中英談判陷入僵局等因素影響，香港出現股災，港元大幅貶值，市面上甚至有人搶購糧食，一些銀行亦告擠提。結果港府在十月中宣布實施聯繫匯率制度，才得以維繫港元穩定。尤德任內見證了中英兩國於一九八四年簽訂《中英聯合聲明》，以及立法局的首次間接選舉（一九八五年）。一九八六年底尤德在訪問北京期間因心臟病發猝死，成為唯一於任內逝世的港督。

一九八七年衛奕信爵士出任港督後不久到訪石籬邨

衛奕信在職期間，香港正值過渡期，
及後發生了六四事件（一九八九年），
港人對前途的信心跌至低點。
此時衛奕信推出多項政策試圖挽回民心，
特別是香港機場核心計劃（統稱為「玫瑰園計劃」），
決定興建規模龐大的新機場。
衛奕信在一九九二年的元旦授勳名單中，
獲封為終身貴族。未幾，英國政府就在未公布繼任
人選的情況下宣布衛奕信將不獲得續任。
衛奕信在一九九二年七月離開香港，
臨行前表示「對說再見感到傷感」。

一九八零年政府取消「抵壘政策」前趕往金鐘人民入境事務處申領身份證的非法移民。

照片中的兩座建築物原為建於十九世紀的軍人俱樂部，至一九七九年與域多利軍營一併交回港府，並被臨時徵用為人民入境事務處辦公室，其中部分用地建成今天的太古廣場。

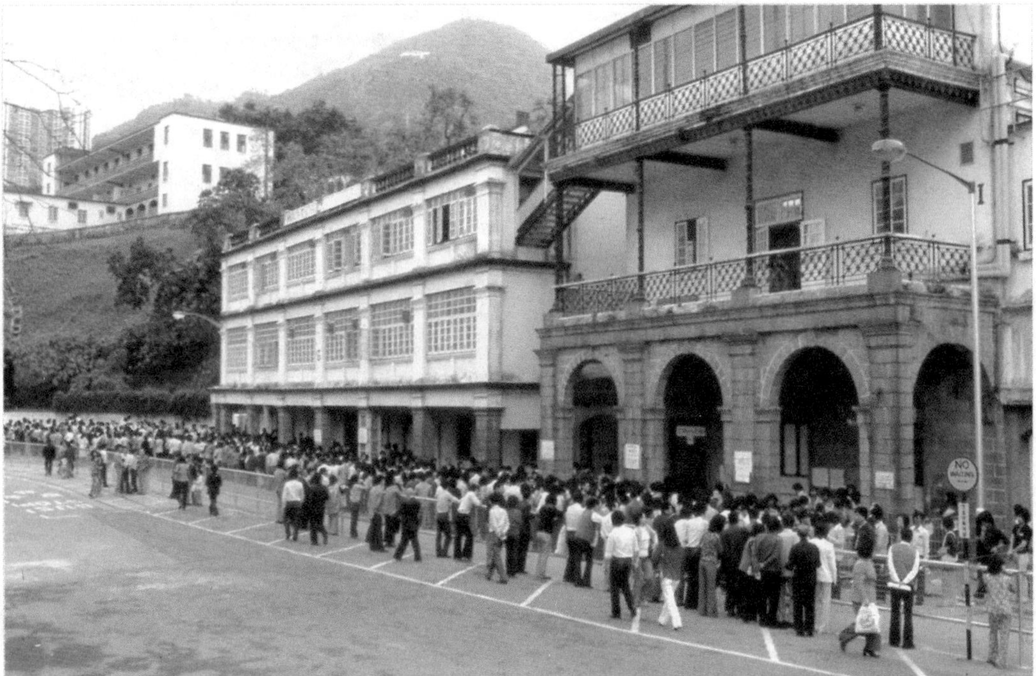

KITCHEN
YBOY
CLUB
USA PLAYBOY BAR & CLUB
DOWNTOWN
USA PLAYBOY CLUB

一九七二年灣仔分域街及駱克道交界，最顯眼的要算是夜總會的大型招牌。

直至越戰結束（一九七五年），這一帶一直是香港最著名的紅燈區，附近大大小小的酒吧及夜總會，數目接近六十間，顧客除了越戰軍人外，還有來港度假的美國第七艦隊水兵，以及小量駐港英軍。

一九七零年尖沙咀彌敦道

直到一九八零年代，從梳士巴利道起至美麗華商場為止的一段彌敦道，商店林立，被旅遊刊物稱為「黃金哩」(Golden Mile)。即使是主要遊客區，路邊仍可見不少垃圾，清潔香港運動，要待兩年後才推行。

一九七三年尖沙咀梳士巴利道及廣東道交界的街頭小景，遠方（今天新世界中心一帶）仍是貨倉區。

左方的石牆原屬舊水警總部，隨著「1881」古蹟酒店改建及相連廣場和商場落成，這幅建於十九世紀的石牆已成為歷史記憶。水警總部原建於小丘上，改建期間發展商把小丘大部分夷平，原有的一百九十二棵樹大都遭砍伐，倖存的只有十八棵，整個計劃後來被保育人士認為是「活化」歷史建築的反面教材。

一九八六年觀塘寶聲戲院

一九八零年代是香港電影工業的黃金時期，一方面是因為舊式片廠制度式微，外判及獨立製片人制度流行，以及以院線為基礎的秩序逐漸形成。另一方面，蓬勃的電視工業亦為電影界提供不少人才，不過這段光輝歲月並不長久。

一九八九年北角春秧街街市，
要算是「香港精神」的縮影。

電車雖然不時路過，但於路軌間擺賣的小販，
包括濕貨如鮮魚小販等，
仍把握電車通行之間的空檔時間做生意。
看見這些情景，外地遊客無不嘆為觀止。

一九七二年交通警員（俗稱「白鮓」，因衣袖得名）在灣仔一座交通亭執勤。

香港要到一九八零年代才全面以交通燈取代交通警。

一九七二年灣仔修頓球場外的一段軒尼詩道

注意巴士旁的戰前樓宇，另左端前方可見以荷李活電影人物蘇絲黃為名的酒吧，經過電影的渲染，蘇絲黃已成為香港不折不扣的代表人物。當時灣仔的大道東、駱克道及謝斐道一帶，仍有不少戰前樓宇，與銅鑼灣比較，大規模商業發展仍在起步階段。

東風画報
周報

一九七零年尖沙咀街頭的報販，可見售賣的僅限報紙及雜誌，這亦是當時報紙檔的法定銷售物品。

一到馬季，報販大都同時售賣馬票。到了一九八零年，報販亦可兼售其他物品，包括香口膠、涼果、打火機、紙巾、糖果、香煙、電池、原子筆等，報販攤檔儼然小商店，卻帶來阻街問題。

一九七五年開設於愛民邨內的超級市場

一九七零年代香港經歷了眾多轉變，其中之一便是超級市場的興起，市民的日常消費模式乃至飲食習慣自此出現急劇變化。跟傳統商店比較，超級市場無論是價格、貨品種類、購買環境，以至售後服務各方面，均較為優越。大量舊式店舖和小百貨店，在難以競爭的情況下，結果被迫結業。根據政府統計處估計，一九七六年香港共有七十五家超級市場；二十年後，已升至一千零五十家，增長達十四倍。

一九八二年中環街市，工人正忙於屠宰家禽。

這座一九三九年落成、樓高四層的街市，經歷了六十四個寒暑，至二零零三年停止運作。根據政府計劃，今後這座三級歷史建築將成為「城市綠洲」，化身中環上班人士的休閒空間。

福記

一九八四年的「鮑魚刷」（右）及塑膠製品工場（左）

當時製造業僱用人數（約九十萬），居全港勞動人口（約二百六十萬）之首，達百分之三十四點七。不過隨著工序北移，行業不論在本地總生產值或僱用人數方面，於一九八零年代均逐步下跌。所幸服務業發展蓬勃，吸納了大部分原來的製造業工人，因此香港的失業率仍維持在較低水平，經濟轉型卻沒有帶來社會動盪。

一九七一年的米舖

當時大米不少產自中國和泰國，還有價錢由每斤八角至最貴一元五角的本地及元朗絲苗。

一九八四年的米鋪

畫面所見，大米的產地包括泰國、廣州、增城，還有元朗，價錢已升至每斤二元四角至二元八角不等。元朗絲苗的價格比泰國出產的大米及香米來得便宜，注意右旁的「袋裝米」。

由於超級市場興起，傳統米鋪已風光不再，由一九七零年代初的接近四千家，急劇減少至一九八零年代末的不到五百家，跌幅十分驚人。

一九七二年鯉魚門一名售賣滷水小食的流動小販

藤籃雖小，小食的種類卻不少，包括滷牛肉、豬耳、豬肚、豬大腸、粉腸、墨魚、八爪魚鬚、紅腸、雞腳等，售價一般由一角至三角不等。到了一九八零年代，這些流動小販已漸漸消失，卻成為不少成長於六、七十年代的市民的兒時記憶。

一九七三年香港仔避風塘內一艘舢舨上的女孩

當時居於香港仔避風塘的住家艇數目接近三千，水上居民超過二萬人。

與一九五零及六零年代相比，漁民普遍生活得較之前豐裕，部分更已遷到岸上居住。與上一代不同，為取得舵手或各種操作機械資格、參與市場經營，又或配合法例需要，漁民大都開始重視教育，不少女孩亦因而得以上學。

住屋方面，一九七三年以前，
香港已有百多萬市民居於公營房屋，
不過港府一直都沒有整體的房屋政策。
直到十年建屋計劃面世，
香港始建立起長遠而全面的
房屋發展藍圖。

城市蝸居

一九七一年堅尼地城域多利道旁的寮屋，可見環境非常惡劣且危險。

當時全港的寮屋居民人數約四十一萬（不包括安置區及平房區居民），佔全港人口四百零四萬五千的十分之一。寮屋區大多位於市區的邊緣，很多根本沒有基本的生活設施，沒水沒電之餘，也沒有公共水龍頭；一些規模不大的寮屋區，連公廁也沒有，因而造成嚴重的環境及衛生問題。

一九七六年筲箕灣愛秩序灣的艇屋和艇戶，照片拍攝前剛發生火警，前景可見燒毀的棚屋。

這一帶的艇戶和棚戶，人口一度接近一萬，成為港島除香港仔以外最多水上人聚居的地區。到了一九八零年代，他們才陸續遷往岸上居住。

藍田長龍田的寮屋，攝於一九七九年。

一九七八至一九八零年短短三年間，
共有接近四十三萬移民（包括合法和非法）抵港，
使寮屋數量仍居高不下。一九七九年，
全港寮屋居民人數超過三十三萬。
一九八一年，政府在年報中亦不得不承認
「房屋供應雖已增加，但中國難民不斷湧至，
卻使改善住屋情況的政策受到阻延」。

一九七八年青衣的棚屋，居民人數接近四千。

這一帶原稱青衣塘，二次大戰後，大批內地移民抵港並於新界西部捕魚為生，其中部分漁船停泊在荃灣至葵涌一帶的海灣。一九五八年，政府決定把荃灣及葵涌發展為衛星城市，並於一九六三至一九六七年進行填海工程。受工程影響，魚群無法在沿岸迴游產卵，魚穫因而逐漸減少，漁民生活日趨艱困，無奈轉業，部分遂定居青衣塘。一九八四年，政府在青衣塘填海，並於附近興建長安邨及長發邨，青衣的發展進入另一階段。

Raid

寮屋內觀，攝於一九七六年。

電力欠奉，居民被迫使用火水（煤油）燈作照明，因而帶來一定的火災風險。現代生活的各種方便和娛樂，簡單如觀賞電視，彷彿與當時一些寮屋居民毫無關係。

一九七九年在臨時房屋區內玩耍的兒童

臨時房屋旨在安置無家可歸卻暫時沒有資格入住公共房屋的居民。房舍基本結構，包括上蓋及木製框柱，由房屋委員會建造，內外牆壁則由居民自行裝設。臨時房屋的租金低廉（以一九七九年計，每平方米月租為五點三八元），地台全以混凝土鋪成，室內水電一應俱全，並聘有管理員負責日常管理，整體條件要比寮屋好得多。一九七九年全港約有八萬人居於四十個臨時房屋區。

一九七七年大埔元洲仔的棚屋（右、左）

這類水上木屋區的居住環境比舊式徙置大廈更差，廁所、盥洗、廚炊等設施均付諸闕如，由於別無他法，生活垃圾及污水只能直接往下傾倒。因這些棚屋大都集中在灣頭位置，潮水往往難以甚至無法沖走污水和垃圾，造成終年臭氣熏天。

一九七八年大澳的棚屋，要算是當地最大的特色。

一般來說，漁民多會把漁船停泊在自家棚屋前。棚屋一般分棚頭、棚尾，漁民通常在棚頭吃飯、織網、補網；棚尾用作擺放雜物；屋頂則充當曬鹹魚之用。

一九七九年油蔴地避風塘內的艇戶

這一年剛發生了「艇戶事件」，事緣部分水上居民因沒能力機械化，無法出海捕魚而上岸工作。惟妻兒或因來自內地，沒有身份證故不能上岸。

為了遷離惡劣居住環境，這些艇戶多年來一直向政府爭取上岸安置，卻因配偶不是香港居民而遭拒絕。

一九七九年初，艇戶和支持者在請願期間被警方攔截拘捕，同行除了小孩沒有被起訴外，全部被判罪成，事件喚起公眾的關注。「艇戶事件」最後要到一九八零年代後期才逐步解決。

一九七零年代初水上居民在艇上進食

一九八零年香港仔的艇戶

圖右方可見電燈公司設於鴨脷洲的發電廠。
一九八九年該廠遷往南丫島，原址建成海怡半島。

一九七六年柴灣舊避風塘內的棚屋

與其他近岸棚屋一樣，環境異常惡劣，水面充斥垃圾，背景可見柴灣邨。避風塘於一九八零年代初填平，今天柴灣港鐵站即位於圖右端不遠處。

一九八零年鯉魚門一場棚屋大火後的災場

一九七八年的山邊寮屋

這些由鋅鐵搭建的陋宅，雖然難以遮風擋雨，卻安裝了「魚骨」天線，說明有電力供應。

一九八一年一場寮屋大火後災民返回現場撿拾家當。

一九七零年代後期起，寮屋數目增加，大火不時發生。

一九八四年秀茂坪的寮屋

根據官方估計，一九八二年的寮屋居民人數仍超過五十萬，故此興建及販賣寮屋非常猖獗，部分蓋搭者更有黑社會背景。政府雖然沒有能力取締寮屋，若條件允許，仍盡量改善環境及設施，包括劃定隔火區、加設滅火龍頭、鋪設供水系統、排水管及污水渠，以及興建公廁、浴室和安排收集垃圾等。與以往比較，一九八零年代寮屋區的整體環境已改善不少。

一九八零年代中期筲箕灣山邊密密麻麻的寮屋，與上方的太古城形成強烈對比。

全盛時期，這一帶的寮屋區包括馬山村、聖十字徑村、成安村、橫坑東村、橫坑西村、澳貝龍村、澳貝龍山頂村、南安坊村、富斗窟村及教民村等。從一九八零年代末起，房屋委員會陸續在上址興建了多個公共屋邨及居屋，包括耀東邨、興東邨、東熹苑、東霖苑和東欣苑。

一九七七年牛頭角復華村平房區，即今天樂雅苑及樂華北邨一帶。

該平房區由瑪利諾修會興建，除平房外，還興辦福利中心、小學、英文夜班、商科專修班、手藝訓練學校和健康中心等。該修會是早年牛頭角區最重要的志願機構，承辦了主要的教育及社會服務。

從一九五零年代起到一九六零年代初，像復華村這樣的平房區曾在香港房屋史上擔當一定的角色，也是政府徙置政策重要的一環。政府撥出及平整地段，再由志願機構（主要是宗教團體）興建單層的平房石屋，以安置寮屋居民。最高峰時（一九六零年），全港共有十四個平房區，總居民人數超過八點五萬。

一九七九年藍田寮屋區的士多，右面的單車稱為「新潮車」，流行一時。

當時租賃單車一般以三十分鐘計，費用約為二元左右，對寮屋區的兒童來說，要算是相當昂貴的娛樂。

一九七六年大窩口邨

圖中的徙置大廈屬第二型，建於一九六一至一九六三年間，總數共九十四座，分布於東頭邨、大窩口、黃大仙、橫頭磡、老虎岩（今樂富）及柴灣。第二型徙置大廈與第一型大同小異，特點是每層兩端加設兩個附有騎樓（露台）的單位。此外，除中央走廊外，兩端亦建有樓梯，天井給完全圍起，因而呈「日」字形。

一九七六年落成不久的荔景邨，
是「十年建屋計劃」期間竣工的一個新屋邨。

經歷了一九六七年的動亂後，政府認為惡劣的居住環境是構成社會不安的主要原因之一。一九七二年底，港督麥理浩爵士宣布一項空前龐大的公共房屋大計，要在一九七三至一九八二年間為一百八十萬（包括三十萬新界臨時房屋人口）居民提供設備齊全、有合理居住環境的住所。為達成目標，預計總共需興建七十二個屋邨（包括十二個由舊屋邨改建）。計劃預期落成後應再沒有市民居於過份擠迫、設施不足的住所。不過基於種種原因，其後的發展證明，計劃無法全面解決市民的居住問題。一九七三至一九八二年間，「十年建屋計劃」共建有二十二萬五百三十七個單位，安置了一百萬人，與原來目標相差甚遠。

一九七五年北角巴士總站，背後的北角邨儼然一私人屋邨。

一九七五年英女皇伊利沙伯二世訪港

訪港行程之一是參觀剛落成的愛民邨，這是當時港府引以為傲的公共屋邨。從今天的角度來看，女皇的保安並不嚴密，居民甚至可近距離親睹其風采。

一九八六年一群內地來客到訪慈雲山

香港幾近一半人口居於公營房屋，
參觀屋邨因而經常成為外賓訪港的官方行程之一。

一九七五年元州街邨

對不少遊客來說，圖中俗稱「三支香」的曬晾裝置實屬香港一景，掛在「三支香」上的「萬國旗」，在一九六零及七零年代往往見諸介紹香港的旅遊刊物中。

約一九七零年石硤尾徙置區（當時已改稱「新區」）。

因時值雙十節，大廈掛起大型慶祝花牌及裝置，習慣一直延續至一九九零年代。對於徙置區的開發，一九七二年政府年報對此有以下描述：「香港之新區大廈備受世界注意，其能使成千上萬居民，從一項建築計劃獲得安置，在速度及規模上，無與倫比。」不少訪港貴賓亦高度讚揚港府在徙置政策上如何照顧市民，並因而留下深刻印象。然而徙置政策出發點並不是真箇為基層市民提供住處，更不是以改善市民的居住環境為目的，實情大都是因為政府要發展一些建有寮屋的地區而須把居民徙置他地而已。

市區私人樓宇常見的僭建鐵籠，目的是增加室內的可用面積，攝於一九七六年。

一九七五年石硤尾邨的熟食大牌檔

這類大牌檔除了為市民提供廉價日用品及熟食外，
早年亦有助紓緩基層市民失業狀況。
不過由於管理不善，這些檔口經常帶來環境衞生問題和
火警風險。隨著經濟起飛和就業機會增加，
自一九七七年起政府全面停止簽發大牌檔牌照，
加上牌照只能轉讓或繼承一次，
這類大牌檔今天已所剩無幾。

29
30
30
31
18

一九七八年黃大仙下邨

該邨原為徙置區，上邨則屬廉租屋（其他上邨如牛頭角、白田和石硤尾同樣為廉租屋）。和石硤尾邨一樣，圖中的樓房屬最早期的第一型（或稱H型）徙置大廈，單位內沒有自來水供應，公共設施包括水龍頭、公廁和淋浴間均設於中央走廊，沒有升降機。一九五四至一九六一年間，全港共有一百四十六座第一型徙置大廈落成，這些原本只是應急的樓宇，很快便成為徙置區的代表建築。

一九七六年李鄭屋邨的大廈公共走廊

由於單位異常狹小，居民大都在走廊煮食，遇上大雨或颱風，情況便相當狼狽。走廊煮食原先並不允許，後來禁無可禁，徙置事務處才不得已默許。

一九七六年樂富邨標準單位——一百二十平方呎的內觀。

生活於這樣狹小的房間幾乎沒有私隱可言。早期入住徙置區的居民，成人人均只有二十四平方呎，比當時的法定標準還低。

一九七八年位於黃大仙馬仔坑的重置區（resite area）。

這類重置區外表雖然與寮屋區相似，同樣以非永久性物料建成，不過兩者有所不同。重置區是獲政府許可而建，房舍面積及使用的建築材料都有規定，興建時亦有一定的規劃，故整體上並無雜亂無章之感。

一九七八年藍田的山邊寮屋

一九七五年從東頭邨遠眺黃大仙（右）及橫頭磡（左）一帶，中央為摩士（二號）公園。

一九七八年秀茂坪邨，前景為第三型徙置大廈。

與第一及第二型相比，第三型在設計上有明顯改善，最大特色是設置中央走廊，單位附有私用騎樓及室內自來水供應，不過住戶仍需每兩戶共用設於室外的廁所。至一九六七年共有一百四十二座第三型大廈落成，分別位於葵涌、油塘、秀茂坪、慈雲山、柴灣及田灣。

一九七五年從樂富邨旁的山崗遠眺

畫面所見盡是公共屋邨，包括樂富、橫頭磡、黃大仙和慈雲山，總人口接近四十萬。一九七三年房屋委員會成立後，所有公營房屋正式統稱為「公共屋邨」，涵蓋當時稱為新區的徙置區和廉租屋，以及屋宇建設委員會所建的新邨。

一九八三年重建中的橫頭磡邨

像橫頭磡這樣的徙置區，
落成時（一九六三年）原位於市區外圍，
不過隨著城市擴張，已成為市區一部分。
而樓高只有七層的徙置大廈，
漸漸顯得浪費土地資源，大廈設施亦嚴重不足。
房屋委員會成立後，遂放棄改建這些
舊式徙置大廈，代之而起的是清拆重建，
十八年間先後共重建了十二個舊式屋邨。

一九八七年鑽石山站旁的寮屋區，為當時九龍最大的寮屋區。

二次大戰前，這一帶原是幽靜的別墅區，有法師亦選擇在此興建寺院（即後來的志蓮淨苑）供僧侶清修。惟自一九五零年代開始，附近包括大磡村和上、下元嶺村漸成寮屋區。及至一九九零年代中期，政府始逐步清拆寮屋，工程於二零零零年底完成。

一九七三年港島西南一角，
遠方可見華富邨。

該邨所在，風景優美，設施除商場、學校、銀行、街市、巴士總站外，更建有圖書館和多層停車場，具備新市鎮的設計及規劃概念，至今仍為人稱道。

房地產發展也大大推動了香港的經濟成長，不過伴隨而來的是一輪清拆重建的熱潮。新的建築單一地追求興建速度而不考慮自然資源和能源的消耗，並不關心它們對社會及居民生活的影響。

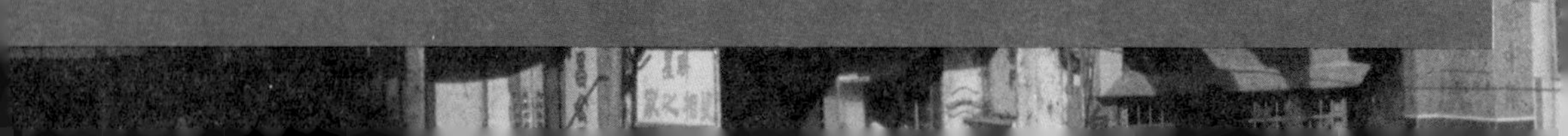

湮滅無存

一九八九年調景嶺（右、左）

調景嶺於二十世紀初曾建有麵粉廠，至一九五零年代初成為難民營，並漸漸發展成一個富有特色的小社區。一九八二年港府開始發展將軍澳新市鎮，並計劃清拆調景嶺。一九九五年，政府正式宣布清拆調景嶺，作為將軍澳新市鎮第三期發展的一部分，並於一年後清拆完畢。調景嶺前的海灣後來填海，並建成彩明苑及唐明苑。

■ 一九八九年調景嶺的小碼頭，設有往返西灣河的街渡服務。

一九八九年位於坪石邨旁的三山國王廟，廟前可見「九龍皇帝」曾灶財留下的「墨寶」。

曾氏在港塗鴉超過五十年，筆跡遍及港九新界，令市民留下深刻印象，毫無疑問是港人的集體回憶，更有藝術家認為是香港文化一部分。二零零七年曾氏去世後，有文化評論員認為曾氏的「作品」啟發大家重新思考何謂藝術。

一九七七年長沙灣東京街旁的軍營

這一帶原是一九二零年代填海得來，省港大罷工後給軍方徵用為軍營，當時稱為南京及漢口軍營。二次大戰期間，這裡成為全港最大的戰俘營，近萬名戰俘一度囚禁於此。一九七零年代軍方把軍營交回港府作民用發展，後來建成麗閣邨及怡閣苑。

一九七八年一輛拖卡電車路經灣仔

從一九六五年起，電車公司先後共安排二十二輛單層拖卡電車在市面行走，並列為頭等車廂。惟拖卡因無法爬上太古船塢至西灣河一段英皇道，因此只能服務北角總站以西的路線。及後乘客認為拖卡雖然收取頭等車費卻沒有提供頭等享受，加上車廂行走時噪音頗大，電車公司遂於一九八二年全面停用。

尖沙咀火車站，約攝於一九七四年。

這座以紅磚及花崗石構成、具古典主義和文藝復興風格的建築，自一九一六年落成後，一直是九龍的地標，可惜除旁邊的鐘樓外，車站於一九七八年拆卸，香港文化中心其後於原址興建。

「軒尼詩」白蘭地
NNESSY

一九七零年尖沙咀的太古倉碼頭，或稱藍煙囪貨倉碼頭。

自九廣鐵路尖沙咀總站於一九七五年遷往紅磡後，附近一帶隨即發展為綜合性商業項目新世界中心。

一九八四年一艘傳統中式帆船駛過尖沙咀

直到一九八零年代中期，維港仍不時有這類載貨帆船駛經，它們大都來自內地，而不是由旅遊當局租用以吸引遊客的道具船。

POST OFFICE
HONGKONG GENERAL

約一九七五年的中環郵政總局

大廈一九一一年落成啟用，採用英式文藝復興主義風格，同時呈現紅磚橫條圖案的愛德華時代外觀。

這座被認為是殖民地時期最宏偉建築之一的郵政總局於一九七六年遭拆卸，原址建成毫無特色的環球大廈。

一九七五年灣仔海旁的告士打道，交通相當疏落。

一九七零年代的灣仔新舊交替，不少戰前樓宇尚未拆卸重建，近中央處可見六國飯店。

一九三三年開業的六國飯店與對岸的半島酒店同為七層，落成時是港島最高的建築物，也是第一間設中菜廳的酒店。

一九八五年底，六國飯店暫停營業，原址拆卸重建為現代化酒店及商廈，並於一九八九年底落成重新啟用。

會商業
會商業

一九八五年筲箕灣東大街一座建於十九世紀的舖居（shophouse）

這座碩果僅存、見證東大街百多年興衰的歷史建築，終於在一九九四年遭拆卸。這類舖居雖以中式磚石、杉木及瓦片建成，但二樓的陽台、泥塑裝飾及扇形氣窗等明顯屬西式風格，相信是受了由澳門傳入的葡萄牙建築影響所致。

一九八五年馬頭角道一座舊式「唐樓」

與一般戰前「唐樓」相比，這座約建於一九三零年的樓房相當富特色，建築物的立面與當時「唐樓」或許分別不大，惟側面特別是迴廊設計卻明顯受到西方影響。建築物其後亦於一九九四年被拆卸。

一九七零年尖沙咀北京道的舊式樓宇（頁一五四——頁一五七）

今天大概很難想像當時的尖沙咀曾建有「唐樓」，上面更高懸「萬國旗」，街旁的店舖竟是傳統的五金雜貨店和糧食店！驟眼看去，若不是店舖前的英文招牌，大家還以為這裡是上海街吧。這些樓房建於二十世紀初，早年住客主要是在附近九龍倉工作的勞工階層。

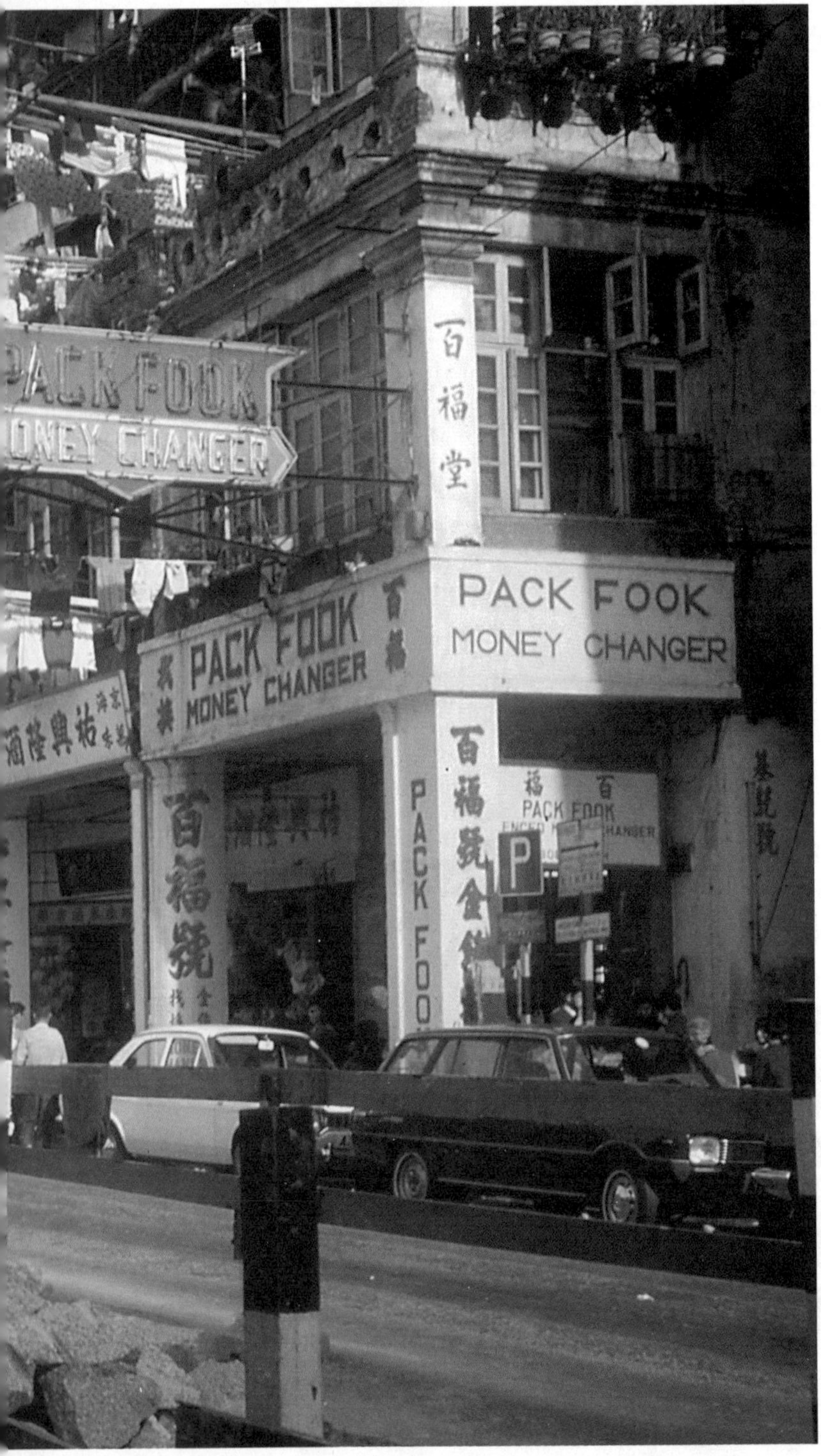

青島啤酒

金記
GUM KEE
CARPENTERS
PAINTERS
MASONS

建新裝飾
土木油漆工程
GUM

一九八五年灣仔李節街拆卸前的舊式樓宇，今天李節花園旁的模型建築便是仿照圖中樣式翻製而成。

李節是十九世紀香港著名商人李陞的兄弟，在其去世（一八九六年）前街道已開闢，並以其名字命名，也是二次大戰前港島除上環及西環以外唯一以華人名字命名的街道。

一九七六年蘇杭街（當時仍稱乍畏街）的舊式樓宇

這些建於二十世紀初的樓房，設計中西合璧，立面可見中式扇門卻有以西方鐵器工藝打造的「騎樓」，扇門上的長長氣窗能讓空氣進入室內，外面的陽台既可減少陽光直射，又可種植盆栽，在侷促之中營造一點生活興味。

一九八六年三月九龍城寨外圍的寮屋

以往這些低矮樓房經常被視為城寨一部分，其實不然（後方高樓才是），因此當港府於一九八六年清拆時，並沒有與中方磋商，拆卸後港府把這一帶建成賈炳達道公園。城寨方面，經過中英政府多番討論，至一九八七年底才宣布分期拆卸。一九九四年四月，清拆完成，原址建成九龍寨城公園。

一九八八年位於城寨龍津路的城砦老人服務中心

服務中心原是從前九龍巡檢司的官署，長期以來，這是寨城內僅有「得見天日」的地方。重修後，成為今天九龍寨城公園內的衙府。

一九八七年城寨外的東頭村道，圖中招牌大部分屬牙醫和診所。

自一九六零年代以來，牙醫和診所林立一直是城寨的特色，而駐診的大都是沒有在港註冊的內地醫生和牙醫。長期以來，城寨在這方面所提供的廉價服務，正好補充本地牙醫及其他醫療服務的不足。

一九八八年城寨內的小街，掛了密密麻麻的喉管和電線。

清拆前，城寨約建有五百幢十至十四層的大廈，共約八千三百個單位，人口約為三萬一千五百，水電主要靠圖中的喉管和電線供應。

城砦老人服務中心外的兩尊古炮之一，攝於一九八九年。

從炮身鑄文中可知，古炮為嘉慶七年（一八零二年）所鑄。現在兩尊古炮均置於九龍寨城公園衙府外作公開展示。

一九七零年從旺角胡社生行的旋轉餐廳遠眺大角咀一帶，遠方可見昂船洲。

旋轉餐廳是當時區內最高建築物。

今天的奧運港鐵站即建於圖中櫻桃街的盡頭處。

隨著公共交通的急速發展，使不論居於港島、九龍或新界的人都感到自己同屬一個地方——香港，而再不是從屬某一地域。此外，新市鎮的發展也令鄉郊和市區的界線變得模糊。

鄉郊百變

一九七五年從高空俯瞰屯門新發邨

當時屋邨位於海旁，新市鎮的主要工程尚未開展。及至新市鎮開發完成後，新發邨已離海岸幾達兩公里，屯門市鎮公園其後建於圖中的新填地上。

一九七八年從落馬洲觀景台遠眺深圳一帶

一九八零年，全國人大常委會正式批准設立「深圳經濟特區」，自此深圳人口急速增加，根據二零一零年人口普查，達每平方公里五千二百人，躍居中國人口密度最高的城市之一。深圳發展之快，世界罕見。

一九七六年剛興建的屯門大興邨，附近仍有不少農田，左下方可見大興紗廠。

隨著新市鎮建設，紗廠其後遷入附近的工業大廈並繼續經營至二零一四年才停產，香港的紡織業自此劃上句號。

一九七九年發展初期的屯門新市鎮，背景均為工業大廈。

按新市鎮規劃構想，住宅區、工業區及商業區將位於不同地段。設置工業區原意是讓區內居民可於就近工作，毋須長途跋涉到區外上班；不過隨著香港工業北移，經濟重心漸漸轉至服務業及金融業，大部分居民因而被迫跨區就業，造成不少社會和家庭問題。

一九八八年剛通車的輕便鐵路駛經屯門新圍苑地盤

一九八五年七月動工興建的輕便鐵路，三年後（一九八八年九月）正式通車。為避免鐵路面對過大的競爭，「輕鐵服務專區」亦同時生效，所有行走屯門區及元朗區的公共巴士在專區範圍內上落客均受限制，及至一九九三年該等限制才被撤消。

一九八零年的大埔墟火車站，當時訊號傳送仍依賴旗號。

一九一三年火車站落成啟用時，站外的太和市已是大埔最繁盛的市集。與新界其他英式車站不同，大埔墟站的設計是按照傳統華南建築風格興建的，如金字形瓦頂、屋脊上的定火珠和雙鰲魚，以及山牆上的蝙蝠、葫蘆、佛手、仙桃及牡丹等吉祥物裝飾。火車站於一九八四年被列為法定古蹟，並成為鐵路博物館的主樓。

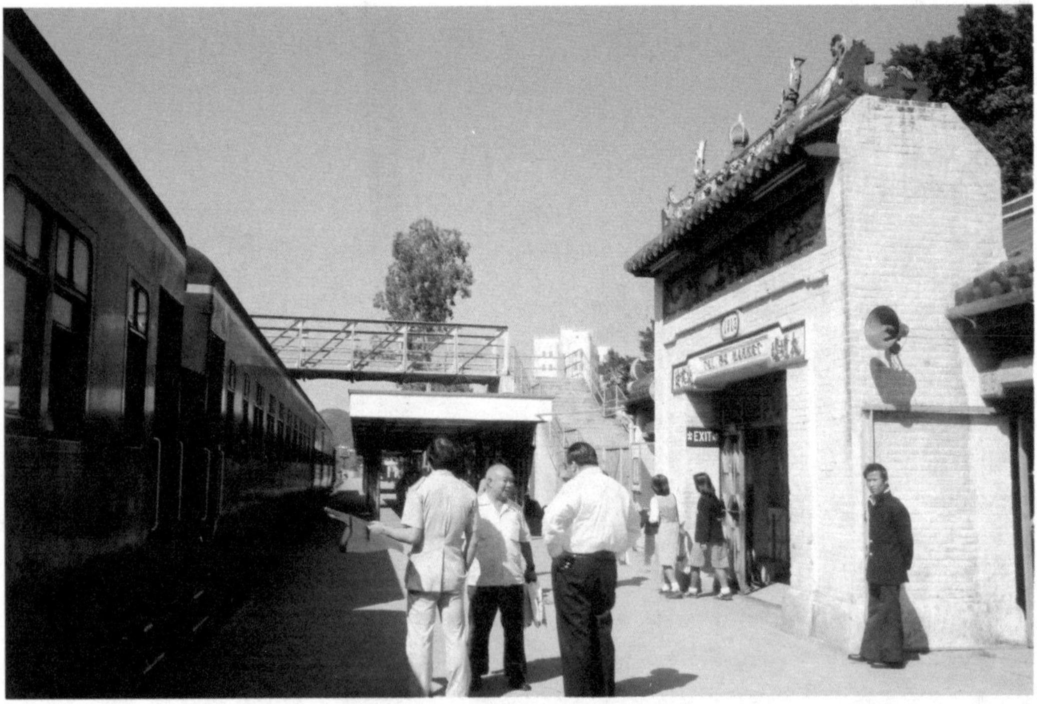

一九八六年的新大埔墟火車站

隨著電氣化火車服務於一九八三年擴展至大埔墟，舊大埔墟及大埔滘火車站因未能配合電氣化工程，遂被運頭角附近興建的新火車站取代。新站於同年四月啟用。

一九七二年的沙田火車站（右、左）

早自一九六七年港府已決定發展沙田為新市鎮；至一九七零年代初，填海工程完成。在新市鎮發展以前，交通便利的沙田仍不失為郊遊好去處：望夫石、紅梅谷、車公廟、西林寺、萬佛寺、道風山等，都是熱門的旅遊點。每逢假日，不少市民喜歡乘坐火車到沙田遊玩。

一九七三年的沙田畫舫

畫舫從一九六三年起停泊於新界沙田海近沙田墟一帶，以海鮮聞名。曾經雕欄玉砌，兼可泛舟其旁，惟自填海工程開展後，風采已不復再，四周的青山綠水變成泛黃泥水；至一九八四年底，畫舫終告停業。

一九七零年代初近大圍的城門河下游

當時城門河受到鄰近工業區、上游「山寨廠」和住宅排出的污水嚴重染污，水質極度惡劣，生物絕跡。一九八零年代後期，政府開始實施多項改善措施，包括禁止廢水排放河中和禁止居民飼養禽畜。至一九九零年代初，水質指標開始從普通轉為良好，河裡亦發現魚類及無脊椎動物。

一九七七年開發中的沙田

沙田新市鎮屬帶形發展，以城門河為重心，
市中心設有各種社區及娛樂設施，
公園環境優美，道路四通八達，
鐵路系統完善，工業設施遠離民居，
從城市規劃角度來看，沙田無疑是典範。

一九八八年的沙田新市鎮，人口已達五十萬，為各新市鎮之冠。

新市鎮發展前，沙田人口僅三萬人，居民人數激增後，造成嚴重的交通問題。其後城門隧道及大老山隧道相繼落成，情況才得以紓緩。

一九八五年從高空俯瞰新界西北一帶的農田和魚塘

元朗平原為沖積平原，水土肥沃，過去盛產稻米，元朗絲苗更是一九五零年代著名米食，可與增城絲苗競爭；魚塘養殖的水產，包括基圍蝦、淡水魚等，供應本地市場。

一九八零年代初上水鄉郊，
前景為菜園村。

隨著粉嶺／上水新市鎮的發展，菜園村一帶其後數年間出現翻天覆地的變化，更成為新市鎮的市中心。

一九八八年上水河上鄉一帶的村落和農田，遠方為深圳經濟特區。

一九八五年剛開發的粉嶺／上水新市鎮，離深圳僅四公里。

一九七八年的大嶼山梅窩涌口，
遠方可見棚屋及艇戶。

圖右為一座小型開合橋，
一九六零年代，行人使用須付過橋費五仙，
故當地居民稱之為「五仙橋」；
由於需要僱用工人升降橋面，
小艇通過時則要繳付更高費用。

■ 一九八八年東涌鄉民於侯王廟旁搭起花牌慶祝侯王誕

當時鄉民大概做夢也沒有想到，簡單的鄉郊生活將面臨不可逆轉的改變。兩年後政府在施政報告中公布新機場計劃，決定在東涌旁的赤鱲角建造新的國際機場，東涌也成為新市鎮的選址，將容納三十三萬人口。

責任編輯　任秀雯
協　　助　鄭瑞華
書籍設計　李嘉敏

書　　名　彩色香港 1970s - 1980s
作　　者　高添強
出　　版　三聯書店（香港）有限公司
　　　　　香港北角英皇道四九九號北角工業大廈二十樓
　　　　　Joint Publishing (H.K.) Co., Ltd.
　　　　　20/F., North Point Industrial Building,
　　　　　499 King's Road, North Point, Hong Kong
香港發行　香港聯合書刊物流有限公司
　　　　　香港新界荃灣德士古道二二零至二四八號十六樓
版　　次　二零一四年七月香港第一版第一次印刷
　　　　　二零二二年一月香港第一版第七次印刷
規　　格　十六開（167mm × 230mm）一九二面
國際書號　ISBN 978-962-04-3379-5